मेरे भीतर की एक सुरंग

लेफ्टिनेंट कमांडर

डा चंचल कुमार बुट्टन

Qurate
quratebooks.com
Because everyone has a story to tell

मेरे भीतर की एक सुरंग

लेफ्टिनेंट कमांडर डा चंचल कुमार बुट्टन

Published by Qurate Books Pvt Ltd.

First Published in 2023

ISBN: 978-93-94600-79-9

qurate
quratebooks.com
Because everyone has a story to tell

Qurate Books Pvt. Ltd.
Goa 403523, India
www.quratebooks.com
Tel: 1800-210-6527
Email: info@quratebooks.com

प्राक्कथन

अपूर्णता का अहसास व्यक्ति की पूर्णता की ओर अग्रसर एक कदम है।मनुष्य मात्र अपूर्ण है। अतः उसकी कृति भी अपूर्ण ही रहेगी।अपनी ही रचना पर गम्भीर दृष्टिपात करने से अनेकानेक परिवर्तन होना लगभग तय सा लगने लगता है किन्तु इस हेतु कदम उठाना मूलभूत परिवर्तन करने जैसा हो जायेगा ।

सोचता रहा इसको सुधारूं... कुछ और सुधारूं...

किन्तु...

मेरे शब्दों से मेरे भीतर की दीवारों से सम्बन्धित कयास लगाना तो उचित नहीं होगा। यात्रा का अन्त अनन्त से होकर गुजरता है। अभी तो मेरे शब्द अन्धेरी घुप्प गुफा के पहले छोर को ही छू पाये हैं। अभी कुछ और साहस बटोरना होगा। लम्बा दुर्गम मार्ग साहस को चुनौतियाँ देता रहेगा और यात्रा का यह अनवरत सिलसिला जारी रहेगा ।

कुछ पृष्ठो और कुछ शब्दों को पढ़कर पाठको के मन में कुछ खलबली मचे | शायद कुछ प्रश्न और शंकाये उठें। शायद नये समाधान के लिये तृष्णा जागे । इसी आशा से शब्दों को आकार देने का यत्न किया गया है। मूलतः यह सारा लेखन

जाल शहतूत की शाखों के मध्य बुना व रचा गया एक रेश्मी जाल है जिसमें स्वयं का अस्तित्व ही विलोपित होने वाला है।

सच मानो तो यह हृदय के द्वार पर लगी जंग खायी सांकल को खोलने की चेष्ठा भर है।

भले ही सुदूर पूर्व की यात्रा ये मूर्त रूप न लेपायी हों..

लेनिनग्राद, युगोस्लाविया सेनफ्रासिसिको हो या अमेरीका और कनाडा,

इन सभी स्थानों की कल्पित यात्राओं का अनुभव अवश्य किया जा सकता है।

अनुभव बेजोड़ होते है, और अनुभवों के अहसास अतयंत सशक्त।

मत छूना शब्दों को

मत लगाना कयास

कुछ न करना...सिवाय विषयगत स्वविश्लेषण के

अपेक्षित

केवल... शुभकामनायें

— Re—

सुची

मेरे भीतर की एक सुरंग

सुरमयी, काले,
चमगादड़ो के रंग से रंगे
जंगल की
सकरी सुरंग से
अचानक गाड़ी रुकने को हुई
और
रेंगती सी
हौले-हौले
सरकने लगी
कितने टनों
यादों के भार से लदी
मेरे भीतर की
उलझी
कहीं सकरी कहीं खुली
सिकुड़ती नसों से
जाने कितनी गाड़ियां

निकलती है

रूकती है

सरकती है

एक एक पहर

एक एक काल

एक एक पल

सुबह की प्रतीक्षा में

कसमसाने लगता है

और

सुबह होते होते

आंखों में

रात उतरने लगती है

बात बनते बनते

बिगड़ने लगती है

मैंने

पूरे ज़ोर से

गर्दन उठाकर

बाहर झांकने की कोशिश

की

बाहर

जुगनुओं का रूप धर

खामोशियां

गुनगुना रही हैं

रौशनी के

दोनों ठेकेदारों का कोई पता नहीं

सितारे भी
लंबी छुट्टी पर है शायद
गाड़ी रुक गई
इस सन्नाटे का
कोई नाम नहीं
इस स्टेशन का
कोई नाम नहीं
इस जगह का
कोई नाम नहीं
मेरा अपना
कोई नाम नहीं
मैंने अपना सामान टटोला
उतरा ही था
कि अंधेरे में
संज्ञाहीन सी
बेपनाह लंबी गाड़ी
सरकने लगी
आगे
थोड़ा ही आगे
एक और लंबी
सकरी
ढलावदार सुरंग है
और फिर
उससे आगे भी...

***

संख्या

धुयें से उठी लकीरें
कहाँ बना पाती है अपने निशां
शाम से ही जल जाती है
मोमबत्ती
कहां मिटा पाती है उदासी का निशां
सागर से भी गहरा शोर है कहीं ?
घने काले जंगल से गहरा सन्नाटा है कहीं ?
आग से तपते
बौखलाहट से लबरेज़
बेतरतीब शहरों के
बदहवास लोग
बहुत कुछ तलाशते रहते हैं
शून्य की आढ़ में
हवाओं के दबाव में
कभी सुरक्षा के अभाव में
कभी ना मिलने वाला वह सुख

अभी खोज जारी है
आज लगता है
किसी और की बारी है
खामोश हूं
अडिग हूं
उव्देलित भी हूं
ऊर्जा से ग्रसित हूं ओतप्रोत हूं
मैं
बस एक शून्य हूं
प्रतीक्षा में हूं
अपने अग्रभाग से
राहसा जोड़े जाने वाली
एक व्यापक किंतु सर्वमान्य
पूर्ण संख्या के लिए|
***

आज शायद ना हो पाए

आज
शायद ना हो पाए|
कोशिश की,
बहुत गहरा जाने की|
इतना गहरा,
इतना गहरा,
की
सतह की लहरों की,
ठा ठा करती आवाजें,
कानों में आना बंद हो गयीं|
सारे
सौर प्रकाश को,
सतह पर ही,
लहरों को सौप आया हूँ|
अनगिनत प्रश्नों के बीज,
सतह पर,

किनारे -किनारे बो आया हूं|
मीठे पानी की मछलियां,
उछल-उछल कर,
किनारे पे आकर,
बोए बीज निगल ले,
ऐसी सारी चितायें,
किनारे सतह पर छोड़ आया हूं|
भीतर गहरा जाते हुए,
समय का आभास,
जाता रहा|
जो भीतर था वह,
बाहर आता रहा|
भीतर की सब,
विचार संपन्नता
समाप्त होने लगी,
एक
अनबुझी चिगारी,
दामन में लिए,
आग रौशनी को,
निगलने लगी|
गहराने लगा,
स्याह अंधकार,
सौर अस्तित्व,
अपना आकार,
खोने लगा,
कितना गहरा,

और कितना,
गहरा जाना है,
यक्ष प्रश्न से,
मानसिक मलिनता
आने लगी और|
गहरा और तनिक गहरा,
जाने की शक्ति,
क्षीण होती जा रही|
कितना कठिन है,
यक्ष प्रश्नों का पिटारा लिए,
स्वयं के गहरे सागर में,
नीचे, और नीचे, और भी नीचे
क्रमशः बस जाते जाना|
थक गया अब,
कोई रुक जाने का बहाना,
ह्रदय से गढ़ता हूं|
फिर कुछ देर
बस कुछ ही देर बाद,
पुनः लग जाता हूं काम पर,
आगे और गहनतम गहराई,
में जाना होगा|
पर
आज नहीं, अब आगे तो बिल्कुल भी नहीं
कल फिर से पुनः
आज शायद ना हो पाए|
***

अवसाद

निःशब्द
रात,
हथेली पर दिया लिये,
सहमी सी,
उनिदी सी खड़ी थी।
बीते पहर,
तितलियों के बिन्दास पंख
फौलादी संघर्ष करते रहे।
अनवरत स्वरों के साथ
पलकें
आलाप लेने लगीं।
सुर अनायास,
एकरस सा हुआ।
स्वरों का भान
निःसंदेह
हल्का और बोझिल था।

पंख आलाप लेते रहे।
नीले आसमान से चांद उतरा और,
सहसा, खुलती पलकों के बीच
आश्वस्त सा ठहर गया।
ठहरी हुई चाँदनी,
चमचमाती सी,
गुनगुनाती सी,
मेरे बदन में
भीतर से अंतरतम की ओर।
सरकने लगी,
बुझी आग फिरसे
सुलगने लगी
गर्माहट से बदन में
बेचैनी छाने लगी।
मैंने,
अपने दंभ को आवाज़ दी
सर्दियों से सर्द पड़े साहस को बटोरा
पुरजोर कोशिश से
आंखें खोल दीं
मेरी खुली आंखों ने टटोल, टटोलकर देखा
आसमान में चाँद नहीं था|
***

आखिर

जब ख्वाब ही देखना है
तो
क्यों ना देखूं
कि शीशे का महल बनाया है मैंने,
फिज़ाओं के फानूस,
हवाओं की दीवारें।
दिन का सूरज
अब सिर्फ मेरे, फानूस में जड़ दिया गया है।
शाम रोज़ दबे पांव आती है,
जलते फानूस पर हथेलियां रखती है।
सुरमई होती,
सीढ़ियां उतरती,
नम होती, दरवाजे की सांकल तक हाथ बढ़ाती,
मुड़-मुड़ कर हाथ हिलाती,
रात,
पलकों पर वादा रख चली जाती है।

फिर...

फानूस पर से हथेलियां हटाती जाती है।

खचाखच होता दरबार

रक्काशा,

मुजरिम,

पंडित मौलवी पादरी

जनता, अफसर, नौकर

दिन भर चलती चाकरी

वाह-वाह,

कानाफूसी,

चीतकार,

तंत्र मंत्र

और फिर...

सरकती उंगलियां

फिर हथेलियां बनने लगती

ढकने लगता फानूस

सांकल टटोलती रात

ख्वाबों को भी शायद मालूम है

कि वह,

जर्जर होते,

फटे हाल,

सर्दी में पूरे भीगे

गर्मी में पूरे सूखे

बारिश में कीचड़ होते

बदन पर

पानी खोती आंखों में
कितने दिन
और कितने दिन
चैन से रह सकते हैं
आखिर... ?
ये
ख्वाब
***

मैंने तो कम से कम नहीं

आकार से शून्य,
शून्य से आकार लेते,
समय के बुलबुले,
होने और कभी ना होने का,
अहसास दिलाते थक से गये
ठंडी हवाओं,
उजले उजालों,
और,
अनगिनत भूचालों
को छूते, टटोलते
से मेरे बाल कुछ पक से गये
दूर...
दूर... और बहुत दूर,
धुंधली लकीर होते साये
कभी लगते अपने कभी पराये
पुरानो पर नए पत्तों से

कुछ ढक से गए

किंतु

सुबह से शून्य का घेरा,

कुछ आकार लेता सा लगा,

कुछ बड़ता, कुछ साफ होता,

मेरी बत्तखें,

मेरी हथेली से टुक टुक,

दाना चुनती, फुदकती रहीं,

मेरी दूसरी हथेली,

आकार तक

कभी

शून्य तक

कभी

घेरे के बाहर तक

स्पर्श का प्रयास करती रही

कुछ अनछुआ सा

छू-छू कर सरकने लगा

टुक टुक फुदकती

बत्तखों की मुलायम गर्दन पर

मेरी हथेली फिसलने लगी

अनायास

दूर तक फैली धुंध, मेरी आंखों में बस गई,

मेरी हथेली से फिसलती गर्दन फस गई

मेरी हथेली आकार को

छूने से रह गयी

बेलगाम होती चीख
बत्तख की चीख से दब गई
धुन्ध में तस्वीरें साफ होने लगी
सुरमई धुआं छट गया
आकार मेरी गिरफ्त से छूट गया
मैंने महसूस किया
मेरी दूसरी हथेली, कुछ ज्यादा ही गीली हो गई
ऊंफ,
हथेली सुर्ख लाल थी
भींची हुई मुट्‌ठी से खून की धाराएं फूट रही थी
नहीं,
पर मैंने इस बत्तख को नहीं मारा
मैंने तो कम से कम नहीं...
***

एक रात

रात
हथेलियों से खून रिसता रहा,
स्याह अहसास
गर्म नमीं
और बेचैन चिपचिपाहट...
जाने क्या हुआ
की
उंगलियां हिसाब किताब में
जितनी बार हरकत करतीं
खून रफ्तार पकड़ता रहता
जिन्दगी की अल-सुबह से
खाली-खाली तिजोरी में
अरमानों की बिरात के लिए
कीमती दिन जोड़ रक्खे थे
जब भी
किसी सुनहरे दिन

या सुरमई शाम
या उजास रातों में
कभी ना मिलने वाले वक्त के दरिया से
कुछ लम्हे चुरा लिए शायद
निकल पड़ा
कभी न खत्म होने वाली दूरी
और
कभी न खत्म होने वाली भीड़ को
चीरता हुआ
रास्ते कठिन थे
पर आसान लगते थे
रास्ते आसां भी थे
पर कठिन लगते थे
शोर था
सुनाई नहीं दिया
खामोशी थी
पर शोर से लिपटी सी थी
शाम को
कभी शाम होते नहीं देखा
सुबह के तिलसिम में
कभी सुबह होते नहीं देखा
रेत के सेहरा पर
चलते रहना एक जुनून था
सूरज के ढलने के साथ
बदन भी ढलता हुआ रेत से लग गया

मापहीन, रंगहीन, दृष्टिहीन...।
ऊर्जा
अभी विचलित नहीं हुई थी
सुनहरी रेत के बदन में
टाँके हुए,
सजे हुए,
कुछ बिखरे हुए
अनमोल सीप, शंख,
सब मुट्ठी में भर लिए
अचानक,
अंतरतम में समृद्ध होने सा
अहसास
पाने और न पाने के बीच का
अहसास
और इन बेशकीमती
शंख सीपियों को खो देने का
डर...
मैंने अपनी मुठियाँ भींच लीं
और
वापसी की डगर पर
अपने समग्र को अपने ही दामन में लपेटे
दूर तक चलता रहा।
ज्यादा थकने से नींद नहीं आती
नींद में नींद ना आने का अहसास
विलक्षण है

अप्रत्याशित भी
और
अविश्वसनीय भी
मैंने
सीप शंखों को
मुट्ठी में जोर से दबाए
रखा
अलसाई नींद में
साहस बनाए रखा
पूरी ताकत से मुट्ठियों
को बंद कर लिया
लगभग शक्ति के अंतिम
स्तर पर
भींच लिया
एक
स्याह अहसास
गर्म नमीं
और बेचैन चिपचिपाहट लिए
रिसता जा रहा है
हौले-हौले
मेरी हथेलियों से
बंद मुट्ठी के भीतर से
अविरल
खून
***

कैक्टस

निरन्तर
कैक्टस के गुच्छों से
रगड़ खाती रही पीठ
साक्षात्कार नहीं होता,
अब चुभन से,
नहीं रिसता खून,
भयानक,
व्यवस्थित,
पहरों के बीच
नहीं भिचती जीभ,
रुक-रुक कर
नहीं ठहरती साँस
झटके से
बीच-बीच
नहीं पथराती आँखें
वरन

सामान्य रहती है
साँस...
जीभ...
विचार...
आँखें, हाँ आँखें
हो जाती हैं
अचम्भित, कभी-कभी,
कैक्टस के गुच्छों पर
अपनी ही पीठ के
निशान देख कर।
***

कोई हिसाब नहीं...

कुल समय का,
कोई हिसाब नहीं।
इस निपट अकेले,
धुंऐ से भरे साफ कमरे में,
हम सब साथ-साथ रहते हैं।
कुल कितने ?
कोई हिसाब नहीं...
मैं और मेरी आहट,
हम दो तो हमेशा रहते हैं,
बहुत से आते हैं चले जाते हैं,
इसका,
कोई हिसाब नहीं।
भीतर आने का,
बाहर जाने का,
दरवाज़ा अलग-अलग हैं,
बरसों हुये

दरवाज़े खुलने की आहट नहीं हुई।
कितने बरसों से ?
कोई हिसाब नहीं|
तस्वीरों से भर गई है आंखें,
यादों से भर गया है दिल,
मैं,
घेरे से बाहर
अनंत के भीतर
प्रवेश को बेकाबू हूं
किंतु...
कितने जा पाएंगे मेरे साथ,
कितने छूट जाएंगे मेरे साथ से,
कोई हिसाब नहीं...
***

नेवल बेस की ढलती एक शाम...

बेसुरी
भोंपू कि सी आवाज
जैसे
मानस मंथन के
ठहरे पानी में,
भारी भरकम पत्थर के
छपाक का स्वर,
गहराती, काली होती
शाम...
गंतव्य को पहुंच चुका
चलता-फिरता सा
आदमी, आम
मैंने, आंखों को
टेलिस्कोप की मुद्रा में
स्थापित कर
कयास लगाया

वो,
सचमुच किसी नारियल के
तने के पीछे छिपी है
या
गुलमोहर और बेला की
टहनियों के| झुरमुट में
गोलमोल हुई,
सकुचाई सी
घुटनों में अपना सर छिपाये
छिपी है
स्वयं ही स्वयं के भीतर
किंतु
इतना विस्तार लिए
कभी ना समाप्त होने जैसा
अस्तित्व लिये
कैसे छिपी होगी
पतले चरमराये तनों के पीछे
या
छलनी होते झुरमुटों के अंक में
कैसे ?
और आखिर कैसे... ?
उत्तर को निरूत्तर हुआ
मंथन
पथरा सा गया जैसे,
पहले भी

कितनी ही बार
मेरे पास से गुजरती रही हो
यहां, वहां, ऊपर, नीचे
छिपती रही हो
मैं,
तुम्हारी इन छुपा छुपी में
ढूंढता रहा हूं
एक हल्की सी मुस्कुराहट
पद चापों की आहट
पर... इस बार...
अजीब सा आभास दिये
मुझसे मेरा सब कुछ लिये
दूर जाती जा रही हो
मेरे ही शून्य में से
मेरा ही निमित्त लिए
गुम होती जा रही हो
मुझे सब कुछ भूलता जा रहा है
आंखों में इतना कुछ होकर भी
सब ओझल हुआ जा रहा है
शायद तुम्हारा नाम,
सिर्फ नाम मेरे पास रह जायेगा
एक सर्द शून्य, सौम्य,
सफेद...
धुंध में लिपटा हुआ...
और मैं

देखता रहूंगा

दूर तलक...

अपलक...

इस फैली हुई खामोशी को...।

***

निर्विकार

कभी कभी यूं भी होता है
कि
नींद आने से पहले
तैयार होने लगते हैं
नींद आने के कारण...
निराकार
निरंकुश
निर्विकार
कभी यूं भी होता है
कि
कुछ अनचाहा, अनमना
सृष्टिजन्य होने लगता है
भीतर ही भीतर...
निरंकुश
निराकार
निर्विकार

मैं,

लगभग स्तब्ध था

कि

कैसे हुआ यह सब,

लाख छिपाने पर भी,

रात की चमचमाती काली आंखों ने,

दबे पांव पीछा करते हुए,

स्वयं को भीतर छिपाते हुए,

उसके हाथ में चमकती कैंची को,

धौंकनी सी, चलती सास को,

लगभग टूटती सी आस को,

देख लिया|

बादलों ने,

सारी हकीकत को,

लगभग ढाप लिया

रात की सांसो ने,

खेत की लंबाई को नाप लिया

सुबह

अजीब सी अलखामोशी थी

निरंकुश

निराकार

निर्विकार

खेत की मिट्‌टी गीली है

खेत की मिट्‌टी लाल है

यह सब

उसी कैंची की चाल है

रात

उसने चांद को

टुकड़ों टुकड़ों में काट डाला

चांदनी को

उसके अस्तित्व से अलग कर बाँट डाला

कभी कभी यूं भी होता है

नींद ना आने से पहले से ही

उगने लगते हैं

नींद ना आने के अतिसशक्त कारण

यात्रा

लगभग निरंतर सी होने लगती है

साथ में

एक रिक्त शून्य लिए

निरंकुश

निराकार

निर्विकार

***

अभी अभी...

अभी अभी...
हुआ है यह सब कुछ,
मोटी बसाहटें,
बेतरकीब आहटें,
ऊहापोह -
निरंतर जीवन शैली,
कोलाहल,
और
छिपा है उसमें,
कलिंग की हार का सन्नाटा,
अभी अभी -
हुआ है यह सब कुछ,
अभी-अभी
काले दोमुंहे,
बहुमुखी,
धारदार झखड़ों से भरे,

स्याह जंगल,

स्याह रात,

स्याह सन्नाटा,

और दूर पहाड़ से बहती,

कच्चे सोने की उबलती,

चमचमाती,

अविरल,

धारा,

एक...

बस एक,

मुट्ठी भर कच्ची सोने की आस,

अथक, अपलक,

चला जा रहा था

मैंने पा लिया,

सिर पर,

सारा आकाश

ओढ़ लिया,

बदन पर

सारा उल्लास,

भींच ली

मुट्ठियाँ

खो जाने के डर से कच्चा सोना

भींच ली और

भींचता चला गया,

बढ़ते डर के साथ

भींचना बढता गया,

पीछे बनती रही
एक सोने की लकीर,
एक किरण,
एक धूप,
विवश हो
खोल दी मुट्ठी,
सब कुछ बीत चुका,
जो था सब रीत चुका,
अभी अभी
हुआ है यह सब कुछ
अभी-अभी...

***

क्यों...?

सच पूछो तो
आज मैंने,
स्याह काली रात को,
चांदनी पर देख लिया
अपने साये की छांव में,
सपनों के नन्हे पौधे रोपे थे।
भीतर के पानी को निचोड़ कर,
रोज, जाने अनजाने उन्हें सीचाँ था।
आज विचार आया...
बिना धूप के मर जायेंगे ये सब,
नन्हे नन्हे रोपे सपने बड़े होंगे कब ?
कब तक चलता रहेगा
अपनी उर्जा से, अपने साये तले की ज़मीन को
भीतर के पानी से सींचना...
साया स्याह होने लगा
अंधेरी गलियों में खुद को खोजने लगा

मैंने, पीछा किया...
पीछे-पीछे कहाँ कहाँ गया,
सीलन से, भीतर तक भरी,
अंधेरी सुनसान गली
तंग रास्ते, तंग सीढ़ियाँ...
अंधेरा अपनी ही कालिख में छिपता रहा
शायद...
चाँदनी का दरवाजा खुला था
अपने ही भीतर के धक्के से
चाँदनी पर पहुंचा ही था कि...
काली घुप्प रात का साया
दीवार फांदने को था...
मैं ठिठका...
और
लंबी सांस ले, रुक गया
आने दो उसको
पूंछूँगा आज
मेरे रोपे हुए पौधे
एक-एक कर, मर क्यों रहे हैं
अंधेरे से उजाले
और, उजालों से अंधेरे, डर क्यों रहे हैं... ?
***

अंतहीन

सुबह,
न्यूयॉर्क में हो या सूखी सेवनिया में
एक सी होती है।
सूरज यहाँ उगे या वहाँ
पिथौरागढ़ में या आरा में
एक सा होता है
उगते ही अपनी अकल्पनीय कूची से
सारी सुबह को
सुनहरी और लाल कर देता है
ढलते ही
सुरमयी और काला कर देता है
खेत अंधे
समुद्र काला स्याह
चौराहे घुप्प
गति मौन
फुटपाथ पर सोया मानो

कभी चला ही नहीं|
सुबह का मानो अस्तित्व
कभी रहा ही नहीं|
सुबह के अस्तित्व का
यह कैसा
कालिख पुता अंत
देखो,
फिर हुआ एक दिन
सूरज निकला नहीं कि...
लिहाफ से सिर निकाल
उम्मीदों से आंकने लगी
वही अपनी सुबह...|

***

समीकरण

पानी का बहाव
और
जगह का अभाव
एकदम उल्टा समीकरण है।
उंगली से लकीर खींचो
पानी जहां तक चाहो सीचों|
पता नहीं चलता
अभी तक तो पानी है
जाने कब पानी पानी हो जाए
एकदम उल्टा समीकरण है।
हवा का रुख बदला
पानी का रुख बदला
हवा का दबाव घटा
पानी का बहाव बड़ा
एकदम उल्टा समीकरण है।
पानी के मौसम में पानी न आए

आंखें पानी पानी हो जाती है
पानी के मौसम में पानी पानी हो जायें
तो घबराहट से भीतर का पानी घटने लगता है।
एकदम उल्टा समीकरण है।
अब समय आ गया
समीकरण को साधना होगा
समंदर का पानी समंदर में रहे
बादलों का पानी बादल में रहे
आंखो का पानी आंखों में रहे
पानी पानी ना रहे
सिर्फ पानी ही पानी रहे
सिर्फ पानी ही पानी रहे।

***

उन दिनों / इन दिनों...

उन दिनों,
संवेदनाओं पर बहार थी।
मित्र का पत्र,
उसके पूरे अस्तित्व की आहट सा था।
चार पंक्तियां,
चालीस बराबर,
और चालीस,
कितने ही और चालीस बराबर।
मित्र,
जीवन के समग्र की,
परिभाषा होते थे।
उन दिनों...
पुराना पत्र,
बिल्कुल नया रहता था।
नया आने तक।
उन दिनों...

मित्र,
जीवन की तपती धूप में,
ठंडी छांव थे,
उन दिनों।
समय ने,
जाने कितनी ही करवटें
एक साथ ले लीं...।
इन दिनों...
नहीं आते पत्र,
नहीं आते संदेश,
नहीं रही संवेदनाएं,
बस,
यदा कदा,
ईमेल आते हैं,
एस एम एस आते हैं।
सिर्फ कुछ,
खास दिनों,
और
खास दिन के लिए,
इन दिनों,
क्या क्या याद करें,
उन दिनों की।
इन दिनों,
यह कहना सहज लगता है
कि,

मित्र,

जीवन की धूप में

ठंडी छांव लगते थे।

उन दिनों,

और अब

यदा कदा आने वाले मोबाइल,

जीवन की सुलगती धूप में,

रिसता हुआ छांव लगते हैं।

इन दिनों...

कैसे कहूं इन दिनों

क्या-क्या था

उन दिनों...

***

केरल समुद्र तट की एक गुम होती शाम

अनायास,
मानस मंथन से,
उत्थित हुई
कंपित घबराहट को
अपने,
अंतस के गुणसूत्र से,
रोका,
और फिर
थामा...।
रेत,
मेरे पांव के तले से
सरक रही थी।
पैरों के पंजे से
जमीन को जकड़ा।
दोनों हाथों से हवाओं को

कस के पकड़ा।
और
एक लंबी सांस के साथ
दोनों हाथ हवा में फैला दिए।
तेज और ठंडी हवा,
एक विशाल समन्दर,
मेरी आंखों के सामने है।
सूरज का अंतिम पड़ाव है।
पक्षियों का अंतिम जमाव है।
ज्वार भाटा का आवेग,
चंद्रमा की कलाएं,
मेरे कद से ऊंची उठती लहरें,
ठा ठा करता समंदर,
मेरी और बढ़ती आ रही ऊचीं लहरें,
मेरे पांव तक,
मेरे घुटनों तक,
मेरी कमर तक,
फिर सीने तक,
बस अगली लहरों का झखीरा
मेरी आंखों में समाने को है।
मेरा अंतस ही जवाब देने को है,
तेज हवा के झोंके के साथ, आगे आती तूफानी लहरें,
आंखों से टकरा कर लौट गयी,
अगले ही क्षण सब कुछ सामान्य था
सुरमई, सौम्य और सुंदर

समंदर का पानी मेरी आंखों में जगह ना पाकर लौट गया,
मेरी आंखें खाली नहीं थी।
मेरी आंखों में खचाखच सपने जो भरे थे...

***

हां मैं सच बतला दूंगा

पिछले दिनों,
बादल का एक नरम टुकड़ा,
एक पोटली में बांध,
पिछले कमरे में रखा छोड़ा था।
हां
मुझे नहीं मालूम,
व्हाट इज़ डिफरेंस इन
सीबी एंड नॉरमल क्लाउड,
फिर भी
बस रख छोड़ा था,
बंधी नियत से,
तनें नियम से,
बरसों पोटली पर
ठंडे पानी का छिड़काव जारी रखा।
आज सोचा,
सब को बतला दूं

शब्दों का ढेला,
मुंह से बाहर धकेला,
शब्द तो बेजान है
नरम या गरम करना,
असर या भी असर करना,
हमारे भीतर की ऊर्जा का काम है|
रात बिना पानी रक्खे सो गया,
जुबान कुछ ज्यादा सूख गई,
शब्दों की नरमी जाती रही,
कोशिश जारी है,
मैं सबको बतला दूंगा|
शब्दों में जान भर दूंगा|
सूखेपन से हकलाहट हार जाएगी|
हां,
मैं सबको बतला दूंगा|
की
उधर देखी
पहाड़ के उस पार
वीराने में मेरी एक झोपड़ी है
और
नदी
मेरी झोपड़ी के भीतर से होकर निकलती है|
***

सूक्ष्म का एक हिस्सा

बेबसी को -
ताक पर रख,
अपने जिस्म से,
बाहर निकलने को हूं|
कितनी -
उजली,
लंबी,
और उजास रातों में,
खुली आंखों में समाये,
अंधेरों के बीच,
मैनें -
मृतप्राय. दंभ को,
लगभग चीखने कीसी,
आवाज़ दी,
और -
एकमात्र,

दम घोटू,,
मकड़ी के बेतरतीब जालों के बीच,
फंसी हुई एकमात्र,
खिड़की से,
दोनों हाथ बाहर निकाले -
सलाखों का काला रंग|
और -
बीच की दूरी बेहद तंग|
अंगुलियों के पीछे हाथ,
और
हाथ के पीछे एक हिस्सा बाँह,
फिर
लगभग धकेलते हुए,
कंधों तक का साबुत हिस्सा,
टूटे बदन से बाहर कर दिया|
आँखें -
चांद की आंखों पर
रख दी|
रात,
लगभग विदा लेने को है,
उनींदी आंखें,
फैली हथेलियां,
जकड़न का रग रग में मचलना,
दो बूंद,
सच्चे मोती हथेली को गीला कर गये|

आंखें -
कुछ ज्यादा फैली,
आंखें कैसी सोती,
हथेली पर बिखरे जो थे मोती,
समय ने फूंक मारी,
गर्दन ढलक गयी,
आंखें चिपक सी गई,
अचानक आई तपिश ने,
लगभग झकझोर सा दिया|
हथेलियां खाली थी|
मोती -
तपिश के हवाले हो चुके थे|
शून्य भी,
अपना अस्तित्व खोने को है|
मैं,
बदहवास सी,
अपने जिस्म में
वापस लौटने को हूं|
***

हवायें

हवा
लाती है मौसमों को,
या
मौसम हवा लाते हैं ?
इतना भारी विषय
कितना हल्का लगने लगता है जब -
बदलते वक्त को,
बदलता मौसम कह लेते हैं।
मेरे कान आज कुछ गरम से हैं,
कहीं शायद बर्फ को छूकर
आयी है हवायें,|
बदलने लगी है हवायें,
बदलने लगा है मौसम,
बदलने लगी है मजबूरियां,
बदलने लग रहा है संवेदना,
शायद...

हवायें सर्द होने लगी है।
ट्रंक में रखे कपड़ों में,
साईंफन होने लगा है।
आ गया,
सचमुच सर्द मौसम आ गया।
पब में गर्मी बढ़ने लगी है।
सफेद सॉफ्टी पर,
धुआं छोड़ते होठों के स्पर्श -
छोड़ने लगे हैं लिपस्टिक की निशान।
पुलोवर के रंगों की छाने लगी है बहार।
दर्रे खुलने लगे हैं।
तिब्बत से गठरी लादे,
पटरियों की बर्फीली गीली जमीन पर
गर्म कपड़े ढेर होने लगे हैं।
आ गया -
सचमुच अब मौसम आ गया,
अब पहनी जा सकेगी जेब तक फटी शर्ट,
स्वेटरों के नीचे
अब पेंट के जेब हमेशा भरे रहेंगे।
कपकपाती मुट्ठियों से
हाथ रहेंगे हमेशा भींचे-भींचे।
मेरी उंगलियाँ-
नहीं पकड़ पा रही अखबार।
हवा का रुख ठीक नहीं लगता।
उड़ते मुड़ते पन्नों में,
पढ़ पा रहा हूं मैं-

लुका छुपी मौसम का हाल।
और समझने लगा हूं
शायद -
हवा नहीं लाती मौसम,
मौसम नहीं लाते हवा,
अखबार लाते हैं मौसम
मैंने
अखबार को और
कस के पकड़ लिया,
कहीं छूट न जाये,
और
कहीं बर्फीली वादियों में गिरे
और वहां आग न लग जाये।
***

पार्थ (एक बच्चा)

एक सरल आकृति
कभी दिखता कभी छिपता
तुम्हें शायद आभास नहीं
यह वही है
पूरा गोल मटोल
गोबलु सा
गिरता, उठता,
कूदता, छिपता,
आज दूर बहुत दूर
घर से,
अभी जरा सा सरका है
सर से
पर वही सूरत
वही रोशनी
रुई का ढेर बने
बादलों के तैरते टुकड़ों

के बीच...
कभी
लुकता कभी छिपता
हजारों मील दूर
अथाह ठा ठा मारते
कूद कूद आकाश छूते समंदर को
पल पल
झूले की तरह
कभी आगे, कभी पीछे
खिसकता, सरकाता
कभी दहाड़ता ,कभी पुकारता
अद्भुत
ज्वार भाटे का खेल खिलाता
स्वयं में छिपाए
अनगिनत रहस्य
मैंने...
रुई के गुदगुदाते
फाहों के ढेर में से
एक बड़ा सा
तंदुरुस्त गफ फाहा
मैंने आसमान से खींचा
और धीरे से दे मारा
गोबलु से गालों पर
और
यकायक

गालों तक खिचती
सारे माहौल को सींचती
मुस्कुराहट
घंटियों की सी आवाज़ करने
लगती
घर भर के लोग
दूर-दराज कोने में व्यस्त
चौंक उठते
ज्वार भाटे से होते जाते
कभी हंसते कभी हंसाते
दूर जाते जाते
और पास आते
कितु
काश
यह पल
ठहर सकते
कल फिर सुबह होगी
फिर अगली सुबह
फिर आदतन होगी सुबह
चढ़ते सूरज में
गुम हो जाएंगे रूद्र उडे उडे बादल
ठहर जाएंगे समंदर
चुपके से आता
छिपता छिपाता
समय

झोली में डाल जाएगा
असंख्य ज्वार भाटे
गोबलु से गाल
फाहे से बादल
कितने ही दिन टकराते रहेंगे
और क्या जाने
अब
कितनी खिच पाएगी
होठों से गालों तक
मिलो दूरी तय करती
अद्भुत
आभूषणों की तरह
गोबलु की
निश्चल मुस्कुराहट
घंटियों की आवाज
चांद की रोशनी
और फिर
बहुत कुछ
***

अगर आप खुश हैं

सुबह...
चांद ने फिर
ऊसुलन,
चांदनी से मिलने का वादा किया।
और...
अलसुबह अपना सारा कारोबार,
यकीन को सौंपकर,
गुम हो गया,
सुबह...
कितनी उजली,
कितनी शीतल,
कितनी स्वर्णिम
कितनी उजास है।
"अगर आप खुश हैं "।
अनवरत,
अपना कारोबार-

सौंपते हुए,
गुम हो चली-
अब सुबह।
ऊर्जा रश्मियां-
फैला रही है,
अपने पंख,
क्षितिज के उस पार तक,
कितना भरपूर,
कितना रोमांचित,
कितना आशावान,
कितना शक्तिदायक,
कितना कर्मठ,
कितना विशाल दिन है,
"अगर आप खुश हैं "|
अलसायी,
अनमनीं सी हो चली,
कभी न खत्म होने जैसी,
दोपहर...
अपना वुज़ूद खोने को है|
गोधुली बेला ने,
अपनी खनखनाहट से,
अलसाये सपनों को जगा दिया|
पक्षी कतार बध्द,
कहीं-कहीं झुंड में,
लौटने लगे|

अपने घोसलों पर,

मवेशी लौट रहे हैं|

साइकिल की घंटियां,

अब,

कम ही बजती है|

दोपहिया, चौपइया,

वाहन अपने,

जोश को बनाए हुए,

निश्चित रास्तों पर,

अनिश्चितता को कैरियर पर बैठाये,

भागे जा रहे हैं।

फिर भी

असीम सुगंध से भरा

संभावनाओं का,

आशाओं का,

वात्सल्य का,

प्रेम का,

संपर्क का,

एक पहाड़ से बड़े पिटारे का

हल्का फुल्का बोझ,

ह्रदय की स्वरलहरियों की रस्सी से बांध कर,

गंतव्य की दूरी को,

नगण्य पदचापों से नापते हुये|

बस

अन्तोगत्वा

पहुंचने को आतुर है -
अपने घर तक|
“अगर आप खुश हैं “|
भूखे की आंखों में
रोटी सा दिखने लगा है चांद,
कल्पनाओं के तारों से सजी,
किनोर पर,
उमंग की किरण पिरोए,
सकुचाते,
इठलाते,
रेशमी सपनों की चुनरी ओढ़े,
पसरती जा रही है,
चांदनी|
सारे आभामंडल की,
अधिष्ठाता बनी,
अपने ही आदेशों,
को मानती हुई,
मनोहर पराकाष्ठा के शिखर पर,
मद-मदस्त है|
फिर अलसुबह,
बिना बताए भाग जाने वाली,
अल्हड़ चांदनी... सिर्फ आपकी है आज-
“अगर आप खुश हैं “।
वो एक दिन
जब आप खुश है...।

वो हर दिन

वो हर एक दिन

जब आप खुश है...।

***

अलविदा

धीरे-धीरे...
बबूल और कैक्टस की दूरी-
कम होती गई।
समय कुछ कम ही लगा,
एकसार होने में...।
नूकीले किंतु फुर्तीले,
दरिंदगी से जख्मी कर देने वाले,
तीखे,
पैने,
डैने से शब्दों के अस्त्र।
सम्हलने से ज़रा फिसले-
की
हुये निर्वस्त्र,
मुझे आभास हुआ,
वो हल्की सी चुभन का दबाव-
बढ़ने लगा है,

मेरे भीतर,

परतें-दर-परतें

जख्मी होती जा रही है।

मैंने,

भीतर के आवरण को -

बाहर की ओर खींचते हुए,

लगभग भींच डाला।

सहनीय से असहनीय होने की दूरी,

लगभग मिटती जा रही है,

एक असहज सा,

रीतापन,

गीलापन,

स्पंदन,

महसूस हुआ, कितु,

लहू की एक बूंद भी नहीं टपकी

और,

हथेलियाँ लगभग लाल हो चुकी।

बदन की आखिरी त्वचा,

त्वचा की आखिरी परत,

परतों से एकसार होती शिराएं,

हैरान भी थी,

निराश भी थी,

परेशान भी थी,

अकस्मात् -

मेरी नींद खुल गई।

रात का ढलना अभी बाकी था।
खुद के होने का अहसास
अभी बाकी था...।
बस...
एक ही बात
दिल को कहीं ज्यादा गहराई तक-
दहला सी गई।
वो, यह कि,
रात कण्ठ से नीचे की ओर,
पूर्ण विश्वास के साथ,
फिसला हुआ "ज़हर",
नकली था।
अपने होने का अहसास लिए,
एक बार फिर
मैंने,
अपनी आंखें बंद कर ली,
नींद ने कानों में फुसफुसाया,
"अलविदा"
"अलविदा"
"अलविदा"।।।
***

चाहे सपना सा हो

वक़्त
को पाँव लगते हैं
नन्हे बच्चों की तरह
और देखते ही देखते
घुटनों पर, फिर सहारे पर
फिर पांव पर
और एक दिन हवाओं पर
प्रतिक्षा गोद से उतरने की थी
फिर आस
रिसकने की हुई
फिर कल्पना
घुटनों पर
फिर प्रतीक्षा
पांव पर दोड़ने की
और अब
हवाओं के रुख की

जाने कब संदेशा लाए

उस पार से

अनदेखा सा वतन

कब अपना सा हो

सब सच-सच हो

चाहे सपना सा हो

***

अब और क्या कहूं

रात,
जाने कितनी ही देर
मेरे सिरहाने
वो -
अबूझ सी बैठी रही।
उसके अस्तित्व में,
जाने कितनी चिंगारियां थी।
जाने क्या कुछ,
न जल जाता,
खगोल शास्त्रियों की,
गूड गठनाओं की तरह
नक्षत्रों के ठेकेदारों ने भी
जाने क्या कुछ ना कहा था -
कि अगर के हो जाता|
सुबह,
अखबार वाले के आने -

का भ्रम हुआ,
फिर दूध वाले का,
और फिर,
काम वाली का,
फिर
एक हुजूम सा बना,
पत्थर तोड़ने की सी आवाज हुई,
दरवाजा टूट कर,
फर्श पर खुशामदी का कालीन बन गया।
कुछ जोड़े पैर भीतर आए,
कुछ आवाज़े,
दबी दबी सी चीखीं।
कोने में,
पुराने पड़े सामान पर,
धूल की परतें थी,
और कुछ अधसुलगी चिगारियाँ।
एक मेज पर,
झुलसे हुए विचार,
आखरी सांसो पर थे।
दीवार पर लगी तस्वीरों ने,
एकाएक अपनी आंखें बंद कर ली।
इस बीच,
चुपके से,
मैं खुद को घसीट कर,
दूर बाहर ले आया था,

और...

खामोश,

अपने खिलाफ रची साजिश का,

नजारा देख रहा था।

कि...

अचानक मेरी नजर,

उस ओर गई

वो,

दूर निकल चुकी थी,

नजरों के दायरों के,

बिल्कुल बाहर।

अब... ?

अब और मैं क्या कहूं|

***

कोलाहल

शहर में भीड़ थी
पर शोर न था
बुतखाने,
कलीसें,
गिरजे और इबादतगाहें,
घण्टो की हरकत -
आलाप की गूंज -
शंखनाद के अद्भुत स्वरनाद -
और मंत्रोच्चारण -
की ध्वनियों से ओतप्रोत थे,
पर शोर न था।
हर सुबह,
अंधेरे की गहनता,
सूर्य की किरणों से काट दी जाती है।
सारे शहर की हैसियत,
कई टुकड़ों में बांट दी जाती है।

कभी न खत्म होने वाला,
ये अनवरत सिलसिला,
घटित होने या ना होने,
फलित होने या ना होने,
का विलुप्त फासला,
धुंधला होकर भी अमिट रहता है।
एक अतिविचित्र
कोलाहल की गूंज
अंतरतम में समाने को है।
अपनी सोच की गति
जवाब देने लगती है
कि
एक सोच थी
इसका कोई ओर-छोर न था
शायद
मेरे भीतर मैं ही था
कोई और न था
शहर में भीड़ थी
पर शोर न था।
***

"वो"

क्या कहा... ?
वो...
हां, यही था वो...
अभी अभी वो, एक पतली गली से गुजरा है,
गलियां तंग-दर-तंग होती जा रही है।
कुछ एक तो,
अंधेरी और बेहद तंग,
कुछ का तो और भी बदहाल है रंग।
सुनो...,
उसे ढूंढने मत निकलना,
हो सकता है वो,
इन्हीं अंधेरी गलियों में,
बंद बाजार की पटियों पर,
किसी नुक्कड़ वाली चाय की दुकान पर,
सुस्ता रहा हो...।
या,

अपनी छप्पों की छत पर,
ताश के पत्तों पर,
सर्कस के जोकर के झुठे चेहरे पर,
अड़िग सा खड़ा हो...।
अच्छा तुम...।
ढूंढो उसे... ढूंढते रहो,
पर, हारना मत।
निराश भी मत होना।
वो,
तुम्हारे आस-पास कहीं होगा।
गलियों से गुजरता,
बाजारों में भागता,
अफसरों के सामने सिर झुकाता,
पार्लियामेंट स्ट्रीट में नंगे पांव दौड़ता,
जनपथ के पास,
चाट के ठेले पर,
खोमचे वाले के पास,
इठलात सा... पर होगा।
हां...
वो होगा।
जरूर कहीं आस-पास,
ज़रा और कोशिश करना,
अवश्य होगा कहीं...,
बच्चों के स्कूल की छुट्टी के वक्त,
अस्पताल में मरीजों की भर्ती के वक्त,

मिल का भोपूं बजते वक्त,
दिखेगा कहीं,
थोड़ा साफ-साफ दिखेगा यहां।
बस...
निशाना साधे रखना।
मिल भर जाए,
कि...
बस, हो जाए,
जेब में हाथ डालो,
और निकालो,
इस बार चलाने से चूकना मत।
पर...
याद रखना,
आजकल आईने भी झूठ बोलते हैं।
सच्ची शक्ल दिखाने से कतराते हैं।
फिर भी...
कोशिश जारी है।
अंत में...,
इस तरह मत बुदबुदाना,
कि...,
सच कभी मरता नहीं,
और...
सच बोलने वाला,
कभी ज्यादा पनपता नहीं...|
***

"कुछ और ही लिखना था"

मुझे,
कुछ और ही लिखना था।
किंतु,
जाने क्या हुआ,
बिना कारण,
या,...
किसी अत्यंत सशक्त कारण से,
मेरी लेखनी पर-
यम्पाश फैकां गया।
कलम की स्याही,
सफेद कागज पर स्याह हो गई।
मेरी कलम में,
अचानक,
लहु भर आया।
मैं देखने का साहस-
बटोर ही पाता,

कि,...

कितने ही पन्ने,

लाल शब्दों से भर गए।

मैंने,

दोनों कानों पर हाथ रख लिया।

उंगलियों के बीच से-

इस्पात झिरने का आभास हुआ।

स्याह हुए पन्ने पर,

लाल जंगल उग आए,

और अब,

स्याह रोशनी में,

अपनी खोई कलम खोज रहा हूं|

आँखें जवाब दे चुकी हैं...

आवाज़ अपना आपा खोने को है।

अधजगा ख्वाब सोने को है।

किंतु यह क्या हुआ...

मुझे,

सचमुच,

और कुछ ही लिखना था|

***

आखिर क्यों?

सुना है
तुम, शिमला के बेतरतीब पहाड़ों पर,
नैनीताल की चीन पहाड़ी के घुमाव-
दार रास्तों पर,
अनायास दिख पड़ती हो|
कच्चे बादाम के दरख़्तों की तरह
और फिर...
भीतर ही भीतर,
पगडंडी बना लेती हो
पैनी चाल से,
दबे पांव से,
भीतर तक उतर जाती हो।
तुम्हारा होना,
किसी भी अन्य एहसास,
का ना होना है|
भीतर में,

एक चाह है,
मैं भी कभी तुम्हें,
ठंडी फुहार में
मदमस्त होते,
मेरे करीब आते देखूं।
एक एहसास,
जो खाली कमरे की तरह पड़ा है,
तुम्हारे आने की आहट भर से,
भर जाएगा।
उर में दंव्द से भरा सूरज,
यकायक ढल जाएगा।
मेरी प्रतीक्षा का वेग,
थम सा जाता है,
जब तेरी कदमों की आहट का
भ्रम सा आता है।
मेरे कानों में भरने लगती है,
तेरी पायल की छमछमाहट।
मेरे हृदय में समाने लगती है,
तेरी चूड़ियों की खनखनाहट,
बस,
मैं बदहवास सा,
ढूंढने लगता हूं तुम्हें,
बढ़ने लगती है लालसा तुम्हें पाने की,
मुझे लगता है,
तुम दरीचों से झाँक-झाँक,

मेरी छटपटाहट पर मुस्कुरा रही हो।
या
मेरे घर के किन्हीं अंधेरे कोने में,
दुबकी सी बैठी हो,
पर तुम्हें नहीं मालूम,
मेरी आंखों पर पट्टी बंधी होती,
तो टटोल ने के एहसास से,
तेरी सांसो की रफ्तार से,
तुमसे घिरी हुई उस जगह को,
दबे पांव आकर,
तुझको अधिकारतः पाकर,
दबोच लेता।
किन्तु
मैं खुली आंखों से तुझे खोज
रहा हूं,
प्रिय एक तुम हो कि,
लगातार,
अंधेरों में छिपकर
दरीचों से झांककर
मुझे झांसा दे रही हो।
ऐ-तबस्सुम-ऐ-खुशी
आखिर मेरी ही साथ
तुम ऐसा क्यों कर रही हो ?
आखिर क्यों ?
***

आजाद आसमान तले

तार-तार हुए
कतार में,
बेज़ार,
खड़े, अटके,
अध लटके
जिस्म।
सिर पर,
बरसों, आस की पोटली लिए,
मैले हो चुके,
सपनों की माटी के टिमटिमाते दिये।
छूटती हुई ट्रेन की तरह,
अपनी बारी के लिए,
हाथों में जर्जर कागज लिये,
लिखे अनगिनत,
सुख और वादे,
कावायद की तरह,

चटक कितु सादे।

ये एक

फौजी की बेवा है|

कितनी ही बार,

आंखों से आंखों को खो चुकी,

अपनों के लिए,

अपने ही आप रो चुकी,

बस

बदन पर भारी पत्थर बांधे

सिर पर

आग का दरिया लपेटे,

आजादी के नगमों की लोरी से,

फटी फटी आंखों में,

कब की सो चुकी।

भीड़ से खुद को अलग,

कैसे सहे।

पत्थरों की मूरतों से अपनी बात

कैसे कहे।

यह एक

स्वतंत्र सेनानी की बेवा है|

समय पटता रहा।

आदमी इतिहास को रटता रहा।

वो एक फौजी की बेवा थी

हां और वो,

वो एक स्वतंत्रता सेनानी की बेवा थी|

***

दिन

दिन...
दिन के अपने नाम।
और नामों के अपने-अपने दिन।
दिन,
शुरू होता था अलार्म से,
शुरू होता था किताबों से।
दिन,
फिर अलग सा हो गया।
दिन शुरू होता है,
पच्च से गिरे,
मुड़े हुए अखबार से,
दिन दफ्तर के वक्त से,
दिन बीमार आदमी की दवा से,
दिन टेलीफोन के बिल से,
दिन बीमें की किस्त से,
दिन बिजली के बिल से,

दिन...

कुछ अलग ही हो गया है।

दिन,

शुरू होता है अब बच्चों के स्कूल से,

दिन शुरु होता है अब स्कूल की फीस से,

दिनों में कुछ दिन,

पैरेंट्स के लिए होते हैं।

पर...

पेरेंट्स के अपने कोई दिन नहीं होते।

दिन...

दिन के अनेक नाम नहीं होते।

दिन केवल दो होते हैं।

दिन

गैर रविवार।

दिन

रविवार|

***

विश्वास

एक
ठहरा हुआ
विश्वास,
कोपनहेगन शहर,
लेंनिनग्राद का फैला हुआ-
आँगन,
जैसे आसमान जमीन पर बिछ गया हो,
सौंदर्य की पराकाष्ठा छूता
बौछारों भरा फव्वारा,
मैंने देखा...
तुम्हारे विकसित होते कंधों पर,
एक रेशमी हाथ,
उड़ने की मुद्रा में सुनहरी पंखों का जोड़ा,
जैसे सोनपरी ने अनायास ढक लिया।
एक पूरा अस्तित्व,
छूना चाहा,

विकसित होते कंधों को,
उसी पल,
थरथराते शोर ने बादलों को ढक लिया,
मैंने देखा...
मेरे ऊपर से,
एयर लुफ्तांसा, पेसिफिक,
एयर इंडिया, एयर फ्रांस,
सारी उड़ाने एक साथ गुजर रही है।
दूसरे ही क्षण,
मैने स्वयं को, पिकाडिली की बाउंड्रीवॉल के बाहर पाया,
वापस लौटते बेरंग लिफाफे की तरह,
आज फिर
मुझे मैटिनी का टिकट नहीं मिल पाया।
सच,
पर विश्वास नहीं होता|

***

कितना मुश्किल है...

कितना मुश्किल है...
कभी,
अनचाहे ही सही,
भीतर की संपूर्ण ऊर्जा को-
हथेलियों में भर कर,
छाया से, धूप मांग कर देखो...
झुलसते बदन,
जलते अंगार होते पहर में,
अपने असहनीय पसीने को पोंछते,
त्राहि-त्राहि रटते,
अपने हाथों से हथेलियों को मलते,
कितनी ही बार कोसा है धूप को ।
गिरती बिजलियां,
गड़ड़ाते बादल,
सैलाब में घूम होते कभी गाँव-गाँव
कभी शहर-शहर,

जाने कितनी ही बार कोसा है-
क्षिण होती धूप को ।
ऐसे ही,
कभी अनचाहे ही सही,
भीतर की संपूर्ण ऊर्जा को,
मस्तिष्क तक खींचकर,
मुट्ठियों को भींच कर,
भावनाओं को सींच कर,
या यूं ही बस खीज कर,
चिलचिलाती धूप से छाया मांग कर देखो,
अंगार होती धूप से छाया मांग कर देखो।
कितना मुश्किल है
सचमुच
कितना मुश्किल।
***

कि जायें कब

इस बार...
कहीं दूर तक जाने का इरादा,
धीरे-धीरे,
पक्का होने लगा।
उठने लगी,
भीतर ही भीतर,
आसमान छूती उमंगे।
गर्म जिस्म पर,
अचानक आकर पिघलने लगता,
कच्चा, कपसीला बर्फ।
बच्चे हाथों से भर भर,
एक दूसरे पर फेंकते,
फिर मलमल के हाथ,
आपस में सेंकते,
चोटियों पर सर्द रात में,

त्रिभुज बना लिविंग टेंट,
मानस मंथन के जुड़ते खुलते बेन्ट,
टटोलता ढूंढता एक प्रश्न
कि जायें कब... ?
चोटी पर,
महीनों बर्फ में सने बदन,
खून को गरमाने की कोशिश में सन्न,
मन में पक्का इरादा,
और...
आंखों में आस लिए,
की...
आता हो हरी वर्दी में घर से पैगाम लिए,
आंगन में उगता डूबता सूरज,
अरमानों के दामन को,
सपनों के आंचल से ढलती,
सुबह साँझ बुहारती आशा,
स्कूल जाते बच्चे,
कभी झूठे कभी सच्चे,
दिलासों से ऊबकर,
खुली आंखों में सो जाती 'नताशा',
अचानक...
बर्फ का सर्द थपेड़ा लगता,
फड़फड़ा उठते,
लुके छिपे लिविंग टेंट,
घुप्प अंधेरे में,

छिपी रोशनी,

कभी दिखता कभी गुमता,

घर

की जायें कब ?

***

बटवारें

उस
आधी रात का बंटवारा
अंधी रात का रूप,
लाल दरिया,
सफेद खून,
चिरते और चीरते रिश्ते
नामी को शून्य
शून्य को नाम
क्या कुछ नहीं गुजरा होगा,
सहने व न सहपाने जैसा,
पाने और खोने जैसा,
मिलता और छूटता जैसा,
क्या कुछ
और
क्या कुछ नहीं,
परंतु,

यह सब सुना है मैंने-
सिर्फ सुना
फिर,
लंबे अरसे,
भीतर ही भीतर बुना है मैंने, सचमुच बुना,
पर जरा सोचने जैसा है,
एक बटवारा वो,
और
ये बटवारे
कभी ना खत्म होते
थोपे जाते जैसे,
टखने पर ठोकी हो कील जैसे,
दूर और देर तक,
रिसती और बनती,
खून की लकीरें,
घरों से छूटते घर,
आनन-फानन,
पराए होते दर
निपट सन्नाटे से डरे,
शंका,
लज्ञा,
असमंजस,
के घट भरे,
अपने ही गिरेबान से,
निकालते हैं आईनें
यत्न करते,

घूरते,

धुंआ चीरते,

एक टक देखते हैं सब,

अपने चेहरे,

अपने आईने,

अपने वक्त,

अपनी खुशियां,

अपने ग़म,

कितने,

बट गए हैं हम...,

ऊफ...

कितने कितने

बट गए हैं हम

***

"किसी के लिए..."

आंगन में,
अशोक के तने से,
सिर टिकाए अनमने से,
भीतर तक कहीं,
परिपूर्ण,
स्थिर और शाश्वत,
कल ही से दृष्टिगत,
निशब्द खड़ी है।
अवसाद
छितरा छितरा सा है,
समय ने अपना अंगरक्खा
आनन-फानन झाड़ा,
और,
निरंतर लगा है,
कौने-कौने
ढूंढ ढूंढ,

गड्ढे भरने को,
कुछ ऐसा तो,
लगभग समतल होने को है|
कुछ होने जैसा है|
कुछ एक तो भर ही न पाएंगे
यह लगभग तय है
पर वो है कि लगा है,
भर पाने की चिता में जगा है|
कुछ कोने सचमुच
ठीक-ठाक से हो ही गये
विचारों और सांत्वनाओं ने,
लीपा पोता अल्पना बनायी
पीछे के किवाड़ से,
उत्सवों ने घुसपैठ की और,
रंग रंगोली की कल्पना बनाई|
सपनों ने साकार होने का दावा किया।
पूर्ण आहुतियां दी अंजुली भर नीर पिया|
दूर तलक,
संज्ञाहीन असंतुलित,
दृष्टिपात ने,
रख दिया सामने,
एक अनूठा रचना संसार।
सोचने को विवश,
आखिर क्यों होता है यह बारंबार
और अब,
आंगन...

रंग बिरंगी कागजी पन्नियों से,
बेतरतीब हो गया है।
भरे गड्ढों पर हुरमुट चल रही है।
हवा भी आज कुछ कम चल रही है।
काठ चीरती गर्मी ने,
खचाखच शहर पर,
कर्फ्यू लगा दिया है।
अचानक,
मुझे रुकना पड़ा।
मेरी नज़र अशोक के तने पर,
सरकती सरकती रुक गयी,
आज भी वो सिर टिकायी,
तने से लगकर टिकी सी है।
दूध से भी सफेद चमचमाती,
अशोक के पत्तों में अधछिपी,
शायद...
बेहद शांत स्तब्ध,
किंतु प्रसन्न है -
अपने फ्यूज़ हो जाने से।
अब उसे,
हर रात,
रात पर रात,
और,
रातों रात,
जलना नहीं पड़ेगा,
किसी के लिए।
***